मेरा घर

(कविताएँ)

मेरा घर

त्रिलोचन

राजकमल प्रकाशन

ISBN : 978-81-267-0596-2

मूल्य : ₹495

पहला संस्करण : 2002
This book is printed on **Print on Demand** Technology : 2024

प्रकाशक : राजकमल प्रकाशन प्रा.लि.
1-बी, नेताजी सुभाष मार्ग, दरियागंज
नई दिल्ली-110 002

शाखाएँ : अशोक राजपथ, साइंस कॉलेज के सामने, पटना-800 006
पहली मंजिल, दरबारी बिल्डिंग, महात्मा गांधी मार्ग, प्रयागराज-211 001
1, अनमोल सोराबजी संतुक लेन, धोबी तलाव, मरीन लाइंस, मुम्बई-400 002
वेबसाइट : www.rajkamalprakashan.com
ई-मेल : info@rajkamalprakashan.com

MERA GHAR
Poems by Trilochan

जयमूर्ति को
सहजीवन की याद में

मेरा घर

श्याम सुशील को ये कविताएँ पसन्द आई होंगी, प्रमाण है यह मेरा घर। मेरा घर पर सन्त कबीर ने कान में मुझसे कहा– कंकड़ चुनि चुनि महल बनावैं, लोग कहैं घर मेरा; ना घर मेरा, ना घर तेरा चिड़िया रैन बसेरा।

त्रिलोचन

हरिद्वार
12.9.2002

क्रम

मेरा घर

मेरा घर

पृथिवी मेरा घर है
अपने इस घर को
अच्छी तरह मैं ही नहीं जानता

भीत नहीं दीसती
दुआर भी नहीं है
मोहार का पता नहीं चलता

भटक रहा हूँ
यही जीवन है

हाथों में वायु है
आँखों में आकाश
सूरज की आभा से
देखता हूँ
चाँदनी थोड़ा झलकाती है
थोड़ा छिपाती है

तारे सब
सहचर हैं मेरे
पेड़ अपनी उँगलियों टहनियों को
हिला हिलाकर मुझे बुलाते हैं
कानों में कहते हैं
आओ आओ यहाँ मेरे पास
बैठो ज़रा सुस्ताओ

लम्बी साँस लेकर
बैठ जाता हूँ और
ऊँचे स्वर में
बोल पड़ता हूँ मैं
सर्वे भवन्तु सुखिनः

त्रिलोचन

कविताएँ हाथ हैं पाँव हैं

कविताएँ रहेंगी तो
सपने भी रहेंगे

जीने के लिए
सपने सभी को
आश्वासन देते हैं
भँवर में झकोरे
खाती नाव को
जैसे तैसे
उबार लेते हैं।

कविताएँ
सपनों के संग ही
जीवन के साथ हैं
कभी कभी पाँव हैं
कभी कभी हाथ हैं

गोलियाँ अक्सर चल जाती हैं

कातिक की चलाचली है अब तो यमराज,
दिन की अब लम्बी हो आईं परछाइयाँ
ठंडक छू जाती है
अब की जाड़ा होगा
ऐसा जैसा कभी पहले नहीं सुना
बला तो देखी है तुमने इस साल की
छेद कर दिए थे जैसे बादलों में किसी ने
बहते पनाले थे
हर हर हर हर
छेदों से मेरा वह कुर्ता भर गया है
जो पन्द्रह सालों से जाड़ों का साथी था
तो भी क्या
जाड़ा कट जाएगा
चमड़ा कुछ चीमर है मेरे शरीर का
यदि कहीं मैंने हिसाब नहीं कर दिया
यदि कहीं राज ने ही छाती को न छेद दिया
गोलियों का क्या कहना

अक्सर चल जाती हैं
क्या कहते हैं उसे
अरे भई, क्या कहते हैं उसे
अच्छा सा नाम है–
जनसेवक
जनसेवक या पुलिस
बिल्कुल बेकार नहीं है
गोलियाँ चलाती है
अपने वे 'एमेले' नेताजी कहते थे
दावतें तो अब भी कहीं न कहीं रहती हैं
पर अब वह स्वाद कहाँ
तरह तरह की चटनी
किस्म क़िस्म के अचार
न कहना अच्छा है
अब की शिकार, हुआ लखनऊ की सड़कों पर
एक विद्यार्थी की चटनी बना दी गई
हो गया अचार कई अच्छे खासे लोगों का
छुट्‌टी हुई
आहा, शिकार से अचार खूब बनता है
जानते हैं राजस्थान वाले ही बनाना इसे

जब मैं चपरासी था वहाँ एक राज्य में
हुआ था शिकार एक दँतैल का
बना था अचार
वह चीज थी
अब की शिकार चलो हम लोग भी करें
जाड़े में साहियों की आमद बढ़ जाती है
खेती बारी का भी नुकसान होता है
कुत्ते हम लोगों के पास कहाँ अच्छे हैं
लेंड़ी हैं
घर के न घाट के
कुत्ते तो मैंने नटों के साथ देखे हैं।

महानगर महात्म्य

महानगर के अपने मजे हैं

गर्मी में
पानी   हाय-हाय
बिजली   हाय-हाय
गन्दगी   हाय-हाय
हवा भी ऐसी
साँस लेने का क्या उपाय

क्या क्या   किया जाए
क्या क्या   किया जाए

मिनरल वाटर पियो
पंखा झलो झलते रहो
वृक्ष लगाओ
और नगर को सुन्दर करो

अपने मजे हैं महानगर के

याद

पीले गुलाबों को देखा
तो याद किया तुम्हें

बादल अनेक रंग धरे हुए
आते हैं जाते हैं
कोई भी रोक नहीं
दिन हो या रात हो
बातों में बात है

तुम को लगाव था
अपने आसपास से
कोई भी रंग तुम्हें
खींचता था
कभी मौन
कभी कुछ होंठों में बोलते
कोई सुने या न सुने

और क्या चाहिए

जी रहा हूँ ठीक वैसे ही अभी तक
पेड़ जैसे आम का चुपचाप
और अपने मूल-दल से ले रहा हूँ
सुरस जीवन का ज़रूरी ताप

हवा जितनी चाहिए लेता रहा हूँ
और पानी पी रहा हूँ मौन
कौन जीवन किस तरफ किस ओर
बना है, यह जानता है कौन

हवा चलती है कभी तो मन्द
कभी अपने वेग से अति उग्र
देखता हूँ बादलों को पवन रथ पर
जल-भरे काले कभी हैं शुभ्र

क्षितिज तक फैला हुआ आकाश
ढके मेघों से दिशाएँ देश

रिमझिमाह, बिजलियों की चमक, जैसे
ध्वनि-तरंगें बहुत सी हैं शेष

शिशिर में ही एक दिन बिल्कुल अलक्षित
उमड़ते हैं रंग भरकर बौर
यही तो अनुभूतियाँ हैं, कल्पनामय
मैं कहीं हूँ चाहिए क्या और

मरने में क्या है

मरने में क्या है। जो जब चाहे मर जाए।
लड़की, तूने क्यों ठानी, ना, खींच लिया था
तुझे मरण ने। तूने तो कुछ नहीं किया था
केवल सपने पाले थे। सपने ही लेकर जाए
किधर पाँव संकोची, अपने भी घर जाए
तो बेगाना बने। तुम्हारे कहाँ हिया था
जो यह भी सह जाता। घुन्ना बड़ा जिया था
मान-मनाव न पाए तो दम में भर जाए।

नहीं, मरण ने नहीं तुझे बढ़कर खींचा था
अगर खींचता तो क्यों तुझको लौटा देता
उसने देखा होगा बड़ी मानिनी है यह।
एक अपरिचित कवि की आँखों ने सींचा था
तेरा तप्त हृदय जो सबको औटा देता
तू चल फिर उठ बैठ सँभाले पीड़ा-संग्रह।

प्रियवर तुम छटपटा रहे हो

प्रियवर तुम छटपटा रहे हो, क्या होना है
इससे, मगर छटपटाहट पर कोई
चलता नहीं जोर, कुछ तन कुछ मन में सोई
कम्पन-धारा जाग गई है, अब ढोना है
उसे जिस तरह धरती ढोती है, खोना है
जो तिल तिल पहचान टिकाऊ जान सँजोई
थी तुमने यह पीड़ा सभी सिरों ने ढोई
अपनी अपनी जगह, तुम्हारा भी कोना है।

तुम्हें अगर कोई देखे तो नजर तुम्हारी
लेकर, अपनापन सँवारता जो भी साथी
तुम्हें लगा, वह तुम्हें सौंप दे क्यों अपनापन ?
होते नहीं अभिन्न कदापि शिकार-शिकारी,
उस शिकार की इस दुनिया में गलती क्या थी
जिसका वह शिकार था
इस पर कौन करे मन ?

तरुण से

तरुण,
तुम्हारी शक्ति अतुल है
जहाँ कर्म में वह बदली है
वहाँ राष्ट्र का नया रूप
सन्मुख आया है

वैयक्तिक भी कार्य तुम्हारा
सामूहिक है
और
जहाँ हो
वहीं तुम्हारी जीवनधारा
जड़ चेतन को
आप्यायित, आप्लावित करती है

कोई देश
तुम्हारी साँसों से जीवित है
और तुम्हारी आँखों से देखा करता है

और तुम्हारे चलने पर चलता रहता है

मनोरंजनों में है इतनी शक्ति तुम्हारे
जिससे कोई राष्ट्र
बना बिगड़ा करता है
सदा सजग व्यवहार तुम्हारा हो
जिससे कल्याण फलित हो।

शब्दों से मेरा सम्बन्ध छूट जाएगा

रवि, सोम, भौम, बुद्ध,
गुरु, शुक्र और शनि–
इन्हीं सात दिनों में से
किसी एक दिन मैं भी
मर जाऊँगा

गुरुजन दुखी होंगे
परिजन धीरज अपना
खो खोकर रोएँगे
मित्रजन कहेंगे
निःस्वास छोड़-छोड़कर
आदमी कुछ अच्छा था

दुनिया है
यहाँ कोई
अक्षयवट नहीं है
आया सो जाएगा

अमृत नहीं पिया है
मैंने कभी
मिला कहाँ

और मेरे पूर्वज भी
अमृत से अपरिचित थे
पैदा हुए
जिए जितना जीना था
एक दिन सब मर गए
मुझको किताबों में
उनके नाम मिलते हैं
नाम क्यों मिलते हैं
उन्होंने अनोखा कोई
काम किया
उनके समूह
शेष विश्व के जन भी
उन पर
जब जी चाहा
कभी ध्यान करते हैं

मैंने करने जैसा
क्या कोई काम किया
शब्द ही तो थे केवल
खेलता रहा जिनसे
मैं जी-भर
कुछ होंगे आगे भी
जिनका नाता होगा शब्दों से
वे ही उन शब्दों को देखेंगे
जिन्हें मैंने
बाँधा है

मुझे अपने मरने का
थोड़ा भी दुख नहीं
मेरे मर जाने पर
शब्दों से
मेरा सम्बन्ध
छूट जाएगा।

गीत

आए हो, तो चलो–
दुनिया को देख लो :
कहीं फूलों भरी कहीं शूलों भरी।

फूल सब चुन लिये
गीत प्रिय सुन लिये
और क्या चाहिए
भाव-पट बुन लिये
बन गई भावना टाल-टूलो भरी।

पाँव में गड़ गया
आन में अड़ गया
शूल को क्या हुआ
राह में पड़ गया
बंजरी भूमि होगी बबूलों भरी।

कुछ रहे कुछ ढहे

कुछ उखड़कर बहे
पेड़ घर एक-से
कौन किस की कहे
बह रही है नदी उग्र कूलों भरी।

हर्ष को बाँट दो
खाइयाँ पाट दो
और सन्देह को
मूल से काट दो
पाँव की छाप छोड़ो न भूलों भरी।

साँवली सूरत तुम्हारी

साँवली सूरत तुम्हारी
मोहनी मूरत तुम्हारी
        साँझ ने कुछ और कर दी
साँवली सूरत तुम्हारी
मोहनी मूरत तुम्हारी !

आज जैसे बोलती है
भेद सारे खोलती है
बोलती संसार की छवि
साँवली सूरत तुम्हारी !

भग्न भवन यह

भग्न भवन यह कुछ दिन बीते
केवल रह जाएगा टीला !
वर्षा में गल-गल कर गिरता
गर्मी में गुरु गर्जन करता
बली काल की चोटें खाकर
होता जाता और लजीला।

कभी यहाँ नुपूर ध्वनि छाई
कभी सगन्ध समीरण आई
पीछे कौन इसे जानेगा
था इसका संसार सजीला।

भग्न भवन यह कुछ दिन बीते
केवल रह जाएगा टीला।

सरि पर तरि-समर्पित राग

सरि पर तरि-समर्पित राग
नृत्य शील। तरंग उज्ज्वल
धार विह्वल
भर रही चल तीर
अविरल नीर
उर-उपराग !
रूप की ऊषा सुघर-तर
अमल अम्बर
धुली स्मिति से
अखिल स्तुतिधर
कह रही जग जाग।

उत्तर खो गया है

मुट्ठियाँ हैं बन्द
उनमें कुछ नहीं है
हाथ खाली हैं
कोई देखे क्यों
काम हो तो हो।
यह अकेलापन
इस तरह असहाय
बचे कोई किस तरह
सुनाई पड़ती है
हाय हाय।
कहाँ है समाज ?
अपना राज,
कौन उत्तर दे
प्रश्न
केवल प्रश्न
उत्तर खो गया है।

भौंहों का इन्द्रधनु

गर्मियों में
इन्द्रधनु
जो
भौंह पर
आ कर
टिका था
उसे
मैंने
बादलों को
दे दिया

इन्द्रधनु
आकाश में ही
भला लगता है।

आदमी की गन्ध

आदमी को जब तब आदमी की जरूरत होती है। जरूरत होती है, यानी, कोई काम अटकता है। तब वह एक या अनेक आदमियों को बटोरता है। बिना आदमियों के हाथ लगाए किसी का कोई काम नहीं चलता।

गाँव में ही मैंने अपना बचपन बिताया है। जानता हूँ लोग अपना काम सलटाने के लिए इनको उनको भैया, काका या दादा आदि आदर के स्वर में बुलाते हैं और काम लेते हैं। कुछ मजूर होते हैं कुछ थोड़ी देर के लिए सहायक होते हैं। जो सहायक होते हैं उनके यहाँ ऐसे ही मौकों पर खुद भी सहायक होना पड़ता है; इसमें यदि चूक हुई तो मन भीतर-ही-भीतर पितराता है। जिसकी ओर चूक हुई उसकी ओर लोग बहुधा आदत समझ लेते हैं।

गाँवों का काम इसी तरह चला करता था और अब भी चलता है। पहले के गाँव अब बहुत बदल गए हैं। कामों का ढंग भी बदला है। खेती सिंचाई-पाती और घरबार का रूप रंग और ढंग बदला है। गाँवों में अब जिनका पेट नहीं भरता वे शहर धरते हैं। शहरों में बड़े-बड़े कार-खाने होते हैं। गाँवों के लोग इन्हीं में से किसी एक में जैसे-तैसे काम पा जाते हैं। कोई साइकिल-रिक्शा किराए पर लेकर चलाते हैं।

शहरों में आदमी को आदमी नहीं चीन्हता। पुरानी पहचान भी बासी होकर बस्साती है। आदमी को आदमी की गन्ध बुरी लगती है। इतना ही विकास, मनुष्यता का, अब हुआ है।

तुम्हारे साथ

भीड़ में तुम्हीं को
खोज रहा था

तुम्हारे साथ चलता था
रुकने पर रुकता था
पर तुम्हें बताना नहीं चाहता था
अपना काम

मुँह पर तुम्हारे
वह हँसी देखता था
जिसे देखने की इच्छा
और होती थी

पाँव लिये चलते थे यों मुझको

हँसी वह
लता सी खिल उठती थी गति से हिल उठती थी
जा जाकर आती थी उन सुडौल कन्धों पर
भीड़ में वही तो खोज रहा था।

कहाँ कहाँ और क्यों

सारा दिन घूमा मैं
तुम्हारे साथ

बातें की

तुमने जो देखा वह मैंने भी देखा
सराहा उसे
जो तुम्हें अच्छा लगा
लगातार
हो गया था क्या मुझको
केवल अन्वेषण करता रहा

कहाँ कहाँ
और क्यों !

एक पत्र : 23.1.1987

प्रिय शाही जी,
स्नेह ! और यह, ऐसी कविता,
भाव भरी, दुर्लभ है, जिसको हाथ आपके
मुझे दे रहे हैं; तब कैसे घात ताप के
भुला न पाऊँगा, अपनी सी कर ले सविता।

नून तेल लकड़ी की चिन्ता तोड़ रही है
चलने फिरनेवाले पेड़ों को, यह जीना
इसी तरह का है अपने ही आँसू पीना
फिर भी क्या आशा को साँसा छोड़ रही है।

धूप छाँह जैसी है आशा और निराशा,
दोनों साथ-साथ रहती हैं, पथ पर अपने,
जब आँखों ने देखा, तभी खो गए सपने
मन यह कैसे कहे नहीं पाता है भाषा।

एक आँख में है, अनेक अनदिख है सागर,
मरुपथ पर क्या कहीं भरेगी अपनी गागर।

ईख पकने पर–एक

ऊषःकाल

ईख काटी गई
एक एक बोझ
सामने रखकर
लोग पत्तियाँ छोलने लगे

छोलते छोलते
लोगों की उँगलियाँ
कठुआ चलीं
और उन उँगलियों की पकड़
ढीली पड़ने लगी

पत्तियों को इकट्ठा करके
छ सात
जो ईख छोल रहे थे
कौड़ा सुलगाकर

घेरकर बैठ गए
हाथ सेंकने लगे
हाथ कुछ गरमाते ही
ईख छोलने लगे

घंटे डेढ़ घंटे का काम है
अगर ठंड से उँगलियाँ
फिर से कठुआ गईं
फिर हाथ सेंक लिये
और छोलने लगे

बहुत लोग
पशुओं के
चारे के लिए
गेंड़ लेने पर
ईख छोलते हैं
और अपनी छोली ईख
कोल्हाड़ तक
पहुँचाते हैं।

ईख पक जाने पर
ईख के खेतों में
ऐसा ही होता है।

ईख पकने पर–दो

कोल्हाड़ में
ईख आई
तो नन्हे बच्चों ने
अपनी पसन्द से
एक एक ईख
उठा ली
उसे चुहने लगे

उनमें
विवाद का विषय हुआ
किसकी ईख
सबसे अच्छी है

कोई यह मानने को
तैयार नहीं हुआ
कि उसकी ईख
सबसे अच्छी नहीं है

लोग बरामदे में बैठी
काकी और आजी के पास गए
और पूछने लगे
मेरी ईख
सबसे अच्छी है

काकी और आजी ने
सबसे कहा
सबकी ईख
सबसे अच्छी है

पुरुषों ने
लड़कों को डाँटा, कहा–
एक जगह बैठकर
अपनी अपनी ईख चुहो
और चेंफ एक जगह रखा करो

बच्चे
थोड़ी देर के लिए बैठे

और फिर उठ गए
दौड़ना, ईख चुहना,
इधर उधर चेंफ फेंकते जाना
उनका चालू रहा

कोल्हू के नीचे
जब हौदी भर गई
तो रस के लिए
परजा पावनिए आए
और अपना अपना अंश
लेकर गए

मंगन भी आए
और उन्हें ईख दी गई

यह घर का
ईख के नाम पर
पहला त्यौहार था।

ईख पकने पर-तीन

पूरी समाई तक
कड़ाह जब
भर गया रस से
झोंकवा झोंकने लगा
पत्तियाँ
सूखी हुई टहनियाँ, पत्तियों सहित, ढाक की
मोंहकड़े से

दिन थोड़ा शेष था
कड़ाह गर्मा चला
और आँच पाकर
रस के ऊपर मही जमने लगी
धीरे-धीरे

मही की परत जमी
उसे पौने से लेकर
बट्टे में डालने लगे

बैलों को सानी में,
खिलाने के लिए

रस
खौल-खौलकर
गाढ़ा जब हो चला
बुन्दकियाँ फूटने लगीं
हवा में मीठी गन्ध
फैल गई

जब पाग लेने को
पगवा बुलाया गया
उसने देखा, कहा,
अभी और झोंकना है
पगवा कड़ाह के किनारे
बैठा रहा
बार बार गुड़ के पक जाने का
तार लेता हुआ

पगवा ने गाढ़े रस की

एक बूँद
जुड़वाने पर
गोली बनाई
और गोली बन गई

झोंकवा से उसने कहा
झोंकना अब बन्द करो
और थोड़ी देर बाद
कड़ाह से निकालकर
चकरे पर गुड़ को फैला दिया

घंटे दो घंटे में
जब ठंडा हो गया
तब भेली बाँधनेवाले
फैले और जमे हुए गुड़ को
हाथों में ले लेकर
भेली बाँधने लगे

पहली पाँच भेलियाँ
अँगऊँ रख दी गईं

भेलियाँ बन जाने पर
सबको गुड़ दिया गया
फिर कड़ाह को धोकर
जो पनुआ निकला
आए हुए जनों को
पूछकर पिलाया गया

हुब्बी

हुब्बी को लोग टुअर कहते थे। माँ बाप छोड़
गए थे धाम धरा धन और इस हुब्बी को।

नानी के घर पली बढ़ी और सयानी हुई। नानी
ने अपने वित्तभर उसकी देखरेख की। नानी
को अब उसके ब्याह की चिन्ता थी।

एक दिन गाँव-भर में चर्चा चली कि हुब्बी कहीं
भाग गई। नानी ने उसकी प्रतीक्षा की। उस
की प्रतीक्षा में निश्चय तो नहीं था फिर भी
यह आशा थी शायद वह लौटे।

हुब्बी को लौटना न था। वह नहीं लौटी। फिर
कभी नहीं लौटी। हुब्बी, क्या जाने, इस दुनिया
में, कहाँ गई। कोई नहीं जान पाया, कोई नहीं
जानता, कोई नहीं जानता।

अच्छा दिन

कौन नहीं चाहता है अच्छे दिन। जब सबेरा होता है
सभी लोग अपने एकान्त में सोचते हैं, आएगा अच्छा
दिन और जब रात गहराने पर खाट पर जाते हैं,
सोचते हैं, कल का दिन अच्छा हो।

लेकिन दिन अच्छा होना अपने बस का नहीं। सबके
दिन अच्छे हों तब होगा अच्छा दिन। सबका सुख
सबका दुख अलग-अलग होता है; मिल करके एक कभी
नहीं होता है।

लोग अपने अपने घेरे के अन्दर ही घूमते हैं, तेली के कोल्हू
के बैल से। एक दूसरे से टकराते हैं बिना बात।
जीवन अकेला नहीं मिलता। अकेलापन जीवन समूह से ही
अलग है। एक दूसरे का सहयोग समभाव से सबका
सहारा बन सकता है।
कोई इसे सोचेगा, समझेगा, करेगा ?

कोई नहीं जानता...

कोई नहीं जानता, राही कौन, कहाँ से
आता है, जाएगा कहाँ। सब अपनी अपनी
धुन में मगन पड़े हैं, बात किसी की बनी
या बिगड़ी, यह परखे कौन, परन्तु यहाँ से
जो राहें निकली हैं उनको यहाँ-वहाँ से
चलते पाँव पकड़ ही लेंगे। परिचित अपनी
चौराहों पर दिशा दिशा के हाथ सी तनी
राहों से ही भरी हुई है जहाँ तहाँ से

राह नहीं, राहों को जो पहचान चुके हैं
वे चलते रहते हैं, जीना उन्हें आ गया
ऐसे ही; अपनी आँखों देखा करते हैं
सारी दुनिया, अपना घर भी जान चुके हैं
कहाँ पुराना धरा हुआ है, कहाँ है नया,
जब जो चाहा तब उसका प्रयोग करते हैं।

कुंडलिया

कोई दल खाली नहीं गुंडों से हर ओर
फिर विपक्ष क्यों कर रहा हम पर इतना शोर
हम पर इतना शोर हमारा क्या नाता है
जो उनको आता है वह हमको आता है
बात ज़रा-सी, क्यों सब चिल्लाएँ उच्छृंखल
भेद खोल देंगे सबके, आए कोई दल।

ठंड

उस ठंड से सब मरते हैं
जो चेतना की शिराओं को
सुन्न कर देती है, और
जीवन की ऊष्मा हर लेती है

काका जी, मैं क्या लिखूँ...

काका जी, मैं क्या लिखूँ, किसके जी की बात;
अधिक अँधेरा कर गई दीवाली की रात
दीवाली की रात रात को चरनेवाले
इधर उधर बिचरे अपना घर भरनेवाले
बाढ़ और सूखा दोनों से पाया फाका
राहत क्या होती है, कौन बताए काका।

हिन्दी में क्या है कही नेताजी ने बात
अपढ़ लोग करने लगे यह सुनकर उत्पात
यह सुनकर उत्पात अपढ़ ही किया करेंगे
नेताओं को दोष रात दिन दिया करेंगे
नोट बटोरो क्या है कागज की चिन्दी में
अंग्रेजी अपनाओ क्या रक्खा हिन्दी में।

बाल्यस्मृति

ढाई तीन साल का मैं रहा हूँगा उस समय। काका को देखा,
वे सोए हैं जमीन पर। बहुत सारे लोग थे इधर-उधर।

मैं जगाना चाहता था काका को लेकिन मुझे किसी ने पकड़ लिया
और घर के अन्दर पहुँचा दिया। पूछा था दादी से मैंने
काका क्यों सोए हैं भूमि पर। दादी रो रही थी। माँ
भी रो रही थी। माँ को और दादी को औरतें सँभालती
थीं गाँव की। उनकी भी आँखों में आँसू थे।

मैं जो कुछ पूछता था उसका जवाब मुझे कोई नहीं देता था।
दरवाजे के बाहर देखा था मैंने काका को चार जने कन्धों पर
उठा रहे थे।

जब वे सब चल पड़े मैंने फिर पूछा था कहाँ ले जा रहे हैं
काका को। किसी ने जवाब नहीं दिया मुझे।
दादी से पूछा था मैंने–काका कब आएँगे।

दादी ने जवाब नहीं दिया, मुझे पकड़कर छाती से लगा लिया
और जोर-जोर से रोने लगी।

बाबू

[तीन वर्षीय बाबू (शिवांक)
के लिए खेल-खेल में]

॥ एक ॥

पकड़ो पकड़ो
बाबू भागे

भाग भाग के
बाबू नाचे
नाच नाच के
बाबू भागे

बाबा पीछे
बाबू आगे
पकड़ो पकड़ो
बाबू भागे

जुलाई 1994

॥ दो ॥

चाचा चौधरी गए
रह गए अपने साबू (बाबू)
बेलगाम हैं
कौन करेगा इन पर काबू

5 अगस्त 1994

॥ तीन ॥

हर हर गंगे
बाबू नंगे
....
कपड़ा पहने बाबू नंगे
हर हर गंगे

7 सितम्बर 1994

॥ चार ॥

बाबू को नंगे रहना है
कहिए कहिए क्या कहना है
बाबू को नंगे रहना है
कहिए अब भी कुछ कहना है

7 अक्तूबर 1994

॥ पाँच ॥

खोजी गई नहीं मिली
बाबूखाँ की पूँछ
चिन्ता है उनको बड़ी
जमी नहीं जो मूँछ

26 अगस्त 1995

निवेदन

प्रभु उन्हें दंड दो
जो लोग चलते नहीं हैं
और कहते हैं चलता हूँ
वे तुम्हारी शक्ति का
अपमान किया करते हैं
प्रभु उन्हें दंड दो

प्रभु उन्हें दंड दो
जो लोग देखते नहीं हैं
और कहते हैं देखता हूँ
वे तुम्हारी ज्योति का
अपमान किया करते हैं
प्रभु उन्हें दंड दो

घर की बोली

(अवधी कविताएँ)

भाखा क महिमा

जब हम ई लखि पाए
अओरउ जियतार बा
जओने कँ राखे से
तन मन फरहर होए
तब भाखा धइ लिहे

पाँचू

क हो पाँचू,
कब ले तूँ पेटहा भऽ
एनके ओनके खटब्यऽ
रुक्ख सुक्ख जेस जुरे
भखि लेब्यऽ परि रहब्यऽ

मनतोरा कहऽ थीं
तोहरे दादउ एइसे
कइ धइ दुनियाँ छोड़ेन
पुरबुजि से एइसइ
चलि आवऽता

तुँहूँ कहऽथ्यऽ
कि हम नवाई नाँई कर्थई
सम्मइ गाउँ पेटहा भऽ चलऽत आ
सब अपनइ पएँड़ा नउ हेरऽथइ

भएवा अब ओस सोचे
आपन नकसान बा
एस करा कि लड़िके सुतारे रहइँ
अवर जउँ बिचार करइँ
तउ कहइँ कि अगिले हमरे सबकाँ
खाले से ऊँचे पहुँचाइ दिहेन

टिक्कुल बाबा

ओहि दिन
टिक्कुल बाबा
चउकी पइ बइठा रहेन

हमहूँ ढुरकत ढुरकत
एक ओरी बइठि गए

बाबा अकेलइ रहेन
करिया तिलकू बिकरमा
अवर लड़िके
कितउ भित्तर बखरी मँऽ
कितउ ओनेउ कामे से
अन्तहि कतहुँ गऽ होइहँइँ

बाबा उदासा हम्मइँ जानि परेन
एसे हम जाइ परे
एक कोन पकरिके
दरिआए
बोले नाइँ

उमिरिउ हमारि सात आठइ
के बीचे तब रही होए
एतनी बुधि रही
कब बोलइ कब चुप रहइ

बाबा बड़ी बेरि ले
चुपान रहेन
कजनी काउ गुनत रहेन
एकठि लम्मी साँसि लिहेन
बोलेन–बासदेउ
जा चिलम चढ़ाइ ल्यावा

हम तमाखू गिट्टी चिलम में भरे
भित्तर गए
कंडा कइ निद्धू आगि राखी
खुलिहारिके बोरसी से लिहे
अवर राखी झारि झारिके
आगि चिलम में भरे
हेठे से फूँक मारि मारिके
बची राखी बहिराए

आए तउ बाबा के हाथे

हुक्की रही पहिलेह से
चिलम हमरे हाथे से
लेइ लिहेन
नियाली नरिअरी में लगाइके
पुड़ पुड़ सुरकइ लागेन
धूआँ एहर ओहर उड़इ लाग
हम फरकहँते बइठि गए

बाबा एक बाक कहेन–
बासदेउ, काल्हि कटघरा ग रह्यऽ
हाँ बाबा
हमिआने हम

बाबा पुड़ुड़-पुड़ुड़ कइके
फेरि कहेन–रनधीर के
दुआरेउ का ग रह्यऽ
ग रहे हम बोले

बाबा तमाखू पिअत पिअत
मुँह उठाइके हम्मइँ लखत
पूछेन–ओकरे लोटा से
पानी उहाँ पिए रह्यऽ

बाबा फेरि हुक्की पुड़पुड़ाइके
सोधाएन–अवर के के रहा
करिया तिलकू धरमू ताली
बिकरमा सब साथ रहेन
हमरे सब जोर से पिआसा रहे
दुआरे इनारा गगरा लोटा
उबहनि देखे
धरमू पानी भरेन
फेरि सब जन पिअत गए

बाबा से हुक्की बतआवइ लागि
ओकर ओसरी कइके
फेरि हमरी ओर भए पूछेन–
सब पिएसि उहाँ
हम कहे–एक ताली नाइँ पिएन
अवर सब पीएसइ

बाबा कइ हुक्की गुड़गुड़ानि
थोरिक फेरि कहेन–
तलिआ बिचारी आ
अवर कुलि बुड़न्त किहेन

हम समझे नाइँ कुछु
टुकुर टुकुर लखत रहे बाबा कँऽ

अब इआदि परा
मंछा तर आए सब पक्का किहे रहेन
ई पानी पीअइ कइ बाति
कतहुँ केहू से न कहि जाइ

अब तउ बाति खुलि गइ
हम जाने, ई हमरइ कसूर आ
सोचे सङ्हती सब
दोसन हमकाँ देइहीं

बाबा फेरि हुक्की पुड़पुड़ाएन
कहेन–जरि गइ
उठिके हुक्की कँ ठढ़िआइ दिहेन भीति से
चिलमि उल्टि के धरेन
अब बइठे पइ बोलेन–
तिलकू हमसे कहत रहेन
हम करिआ बिकरमा अवर ताली
पानी नाइँ पिए
हम कहे–एक ताली

नाइ पिएन अवर सब पीएसइ

अब हम हलुकाइ गए
हमसे जहिरानि नाइँ बाति
तिलकू पहिलेह से
रचे रहेन
ओतना ऊ आड़ बान्ह
एतना ई पूछपेख
हम नाहीं समझे
ई कुलि काहें

पूछि परे, बाबा
गगरा लोटा माँजिके
हमरे सब पानी पिए
पनिअउ निर्मल रहा
फेरि दोस कवन परा

बाबा बोलेन–
तूँ अबहिं समझब्यऽ न
केतनउ माँजा घँसा
लोटवा गगरवा रनधीरइ क रहा, रहे

हम पूछे–एसे का,
बर्तन केहू क होइ
पानी पिए दोस कवन

बाबा बोलेन–बाति
लरिकबुद्धि में न आए ई
रनधिरवा कइ छाँह सब बचावथइ
लख्यऽ हइ दुआरे केहूके ओकाँ
बइठा ठाढ़

एसे का भ बाबा

बाबा कोपिके बोलेन–
ऊ बाम्हनि राखे आ
कइअउ बिटिआ अब ले बेंचि चुका
बेटवन कँ परजाति की
बिटिहिनिन से बिअहेसइ

बाबा कइ कोप लखे
हमहूँ चुपचाप उठे
अवर आनी ओर गए।

केकाँ गोहराई

एस खाले परा हई
कि असुझ गरसि लिहे बा,
अपनी अइती क नाइँ
हाथ गोड़

केकाँ गोहराई
के बा कि सुने

जब हम भुइँ
गोड़े गोड़े धइ कुछु चलत रहे
हमकाँ जनात रहा

अइसन चलवार
कतहुँ हेरेउ से न मिले,
अवर एही जोम में
अकासइ हम लखत लखत

पाउ धइ उठावइ मँ
फाटि परे गहिरे मँड़ारे महइँ
कओनिउ ओर एक्कउ पकरानि नाइँ
जओने कँऽ हम गचोटिके कइसेउँ उपराइत

सॉनेट
कहेन किहेन जेस तुलसी

कहेन किहेन जेस तुलसी तेस केसे अब होये।
कविता केतना जने किहेन हैं आगेउ करिहैं;
अपनी-अपनी बिधि से ई भवसागर तरिहैं,

हमहूँ तौ अब तक एनहीं ओनहीं कै ढोये;
नाइ सोक सरका तब फरके होइ के रोये।
जे अपनइ बूड़त आ ओसे भला उबरिहैं
कैसे बूड़इवाले। सङ्-सङ् जरिहैं मरिहैं
जे, ओनही जौं हाथ लगावइँ तउ सब होये।

तुलसी अपुनाँ उबरेन औ आन कँ उबारेन।
जने-जने कइ नारी अपने हाथे टोयेन;
सबकइ एक दवाई रामनाम मँ राखेन;
काम क्रोध पन कई तमाम खटराग नेवारेन;
जवन जहाँ कालिमा रही ओकाँ खुब धोयेन।
कुलि आगे उतिरान जहाँ तेतना ओइ भाखेन।

सम्हारइ जेतना सम्हरइ

आने काने बाति परे हहोर होइ जाए,
फेरि जइ मुँह तइ बाति अनेकन रङ्ङ पकरिके
घेराघेरी करे, अवर जरि उखरि-पखरि के
एहरइ ओहर झुराए, मनई खेहरि खाए
एक्कउ छन कँ चित्त न कत्तहुँ ठओंरिक पाए
धरी बाति धइ राखे, करनी किहे, उभरिके
बिरवा एस पोढ़ाइके अपने मान पसरिके
रूप बरन, रस जेस चाहे तेस जोगवत आए

उदका भए जे सुने तेई लोइ लेइ लेए
चउदिसि कइ चर्चा खम्हारि अइसनि कुछू देए
जओने मँ पएँड़ा कइ अपनिउ ऊह भुलाए
फेरि एनसे ओनसे पूछत केउ केतना केतना
खेए आपनि नाउ, सम्हारइ जेतना जेतना
सम्हरइ, समउ पाइ जीवन कइ फूल फुलाए

कविता का शीर्षक	रचनाकाल	प्रकाशन
ईख पकने पर–एक	–	'ऋतुगन्ध' अंक : 9 अक्तूबर 1989 मुजफ्फरपुर (बिहार)
ईख पकने पर–दो	–	'ऋतुगन्ध', अंक : 9 अक्तूबर 1989 मुजफ्फरपुर (बिहार)
ईख पकने पर–तीन	–	'ऋतुगन्ध', अंक : 9 अक्तूबर 1989
हुब्बी	–	'प्रसंग', अंक : 7-8 मई-अक्तूबर 1990 हजारीबाग (बिहार)
अच्छा दिन	–	'प्रसंग', अंक : 7-8 मई-अक्तूबर 1990 हजारीबाग (बिहार)
कोई नहीं जानता...	9 अगस्त 1997	अनिल सिन्हा (लखनऊ) के नाम भेजे एक पत्र में 16.8.1997 सागर (म.प्र.)
कुंडलिया	5 अगस्त 1995	'वसुन्धरा निवेश' (मासिक), सितम्बर 1995, दिल्ली
ठंड	20.12.1994 संस्कृति भवन, भोपाल	'कुरुक्षेत्र' (मासिक) अगस्त 2002 नई दिल्ली
काका जी, मैं क्या लिखूँ...	29.10.1987	'ऋतुगन्ध', अंक : 9 अक्तूबर 1989
बाल्यस्मृति	1929-30 (1920 की घटना है जब मेरे चाचा की मृत्यु हुई थी।)	'प्रसंग' अंक : 7-8 मई-अक्तूबर 1990 हजारीबाग (बिहार)
बाबू	जुलाई 1994 से अगस्त 1995 के बीच	'नई पौध', अंक : 1, 2002 दिल्ली

कविता का शीर्षक	रचनाकाल	प्रकाशन
निवेदन	10.3.2002 (1929 से इस कविता का विचार मन में था।)	'नन्ही कलम' (द्वैमासिक) अंक : 3 मार्च-अप्रैल 2002

घर की बोली

भाखा क महिमा	–	'ऋतुगन्ध' अंक : 9, अक्तूबर 1989
पाँचू	–	'आलोचना' (त्रैमासिक) अंक : 82 जुलाई-सितम्बर 1987 नई दिल्ली
टिक्कुल बाबा	–	'आलोचना' (त्रैमासिक) अंक : 82 जुलाई-सितम्बर 1987 नई दिल्ली
केकाँ गोहराई	–	'आलोचना' (त्रैमासिक) अंक : 82 जुलाई-सितम्बर 1987 नई दिल्ली
कहेन किहेन जेस तुलसी	सत्यनारायण कुटीर साहित्य सम्मेलन, प्रयाग 9.2.1954	'सापेक्ष' अंक : 38 जुलाई-सितम्बर 1996 (सम्भवतः यह सॉनेट 'स्थापना' अंक : 6 1970 में भी प्रकाशित हुआ है।)
सम्हारइ जेतना सम्हरइ	–	'ऋतुगन्ध' अंक : 9 अक्तूबर 1989
बोल-बात	–	'ऋतुगन्ध' अंक : 9 अक्तूबर 1989

कविता का शीर्षक	रचनाकाल	प्रकाशन
तरुण से	–	'ऋतुगन्ध' अंक : 9 अक्तूबर 1989
शब्दों से मेरा सम्बन्ध छूट जाएगा	1940	'आलोचना' (त्रैमासिक) अंक : 82 जुलाई-सितम्बर 1987 नई दिल्ली
गीत	1954	'सापेक्ष', अंक : 38 जुलाई-सितम्बर 1996, दुर्ग (म.प्र.) (सम्भवतः यह गीत 'स्थापना' अंक : 6 1970 में भी प्रकाशित हुआ है।)
साँवली सूरत तुम्हारी	1936	'साप्ताहिक हिन्दुस्तान' 31 जनवरी 1982
भग्न भवन यह	1934	,, ,,
सरि पर तरि...	1934	,, ,,
उत्तर खो गया है	1982	,, ,,
भौंहों का इन्द्रधनु	1940	'आलोचना' (त्रैमासिक) अंक : 82 जुलाई-सितम्बर 1987 नई दिल्ली
आदमी की गन्ध	26.10.87	'आलोचना' (त्रैमासिक) अंक : 82 जुलाई-सितम्बर 1987 नई दिल्ली
तुम्हारे साथ	–	'कृति' जनवरी 1959
कहाँ कहाँ और क्यों	–	'कृति' जनवरी 1959
एक पत्र : 23.1.1987	23.1.1987	'ऋतुगन्ध' अंक : 9 अक्तूबर 1989

परिशिष्ट : संकलित कविताओं का रचना एवं प्रकाशनकाल

कविता का शीर्षक	रचनाकाल	प्रकाशन
मेरा घर	20 अगस्त 1995 वाराणसी	'प्रयागराज टाइम्स,' 24.9.1995, ('जनसत्ता' में भी 29.10.1995 को 'समकालीन जनमत' से साभार प्रकाशित।)
कविताएँ हाथ हैं पाँव हैं	6 अक्तूबर 1994	'स्वतन्त्र भारत' (उपहार) 11 दिसम्बर 1994 नई दिल्ली
गोलियाँ अक्सर चल जाती हैं	–	'ओर' (त्रैमासिक), अंक : 18-19 अक्तूबर-दिसम्बर 1993 जनवरी-मार्च 1994 जयपुर (राज.)
महानगर महात्म्य	1 सितम्बर, 1993	'ओर' (त्रैमासिक) अंक : 18-19 अक्तूबर-दिसम्बर 1993 जनवरी-मार्च 1994, जयपुर (राज.)
याद	12 मई, 1993	'सर्वनाम' (त्रैमासिक) अंक : 30 अप्रैल-जून 1993, दिल्ली
और क्या चाहिए	–	'सापेक्ष', अंक : 38 जुलाई-सितम्बर 1996 (यह सॉनेट 'ऋतुगन्ध' पत्रिका के अंक : 9 अक्तूबर 1989 में पहले प्रकाशित हुआ है।)
मरने में क्या है	19 मई 1970	'वर्तमान साहित्य'
प्रियवर तुम छटपटा रहे हो	25 मई, 1970	अगस्त 1992

हँसइ कँ डेराए जे
कबहूँ तउ कतहूँ तउ
अओचटे घेराए ऊ
फेरि मूँड़े कइ मोटरी
केहू हाथ से छुइके
भूँई ढड़िलाइ परे
लखत लखत हे जाए, हो जाए

●●●

बोल-बात

बोले बतलाने
हलुकाथइ जिउ, जाने हम
जब बोले बतिआए

अपुनइँ अलगंट भए
जिउ कइ जंजाल अवर
भारू होइ आवऽथइ
एस लागऽथइ जइसे
तिरलोकी कइ बिपदा
एक्कइ मूँड़े परी

आपन गाहा गाए
चाहे केउ कूटि करइ
बतिआ एस बदलऽथइ
जेसे अपनउ मन
कुछ आनइ रंग पकरऽथइ